SUR

LA RÉDUCTION

DE LA DETTE

5 POUR 100.

PARIS

IMPRIMERIE DE E. DUVERGER,

RUE DE VERNEUIL, 4.

1836

SUR

LA RÉDUCTION

DE LA DETTE

5 POUR 100.

On paraît généralement d'accord qu'il faut réduire l'intérêt de la dette 5 pour 100; d'un côté le Gouvernement en a le droit, de l'autre l'utilité de la mesure ne peut être contestée.

Ce principe a été établi par des hommes dont le mérite en finances est reconnu, notamment par M. de Villèle en 1824 et par M. Laffitte, qui, dans une brochure publiée par lui à cette époque, a beaucoup contribué à éclairer les esprits sur cette importante question.

M. de Chabrol, ministre des finances en 1830, disait, dans un excellent rapport qu'il fit

paraître alors, que le moment était venu d'ac-
complir les vœux qui commençaient à se faire
entendre sur une prochaine réduction de l'in
térêt du 5 pour 100.

Cette année, M. Humann, ministre des finances; M. Thiers, ministre de l'intérieur; M. Du-
châtel, ministre du commerce, ont reconnu le
principe de la réduction, et la Chambre des
Députés l'a en outre consacré par son vote sur
la prise en considération de la proposition faite
par un de ses membres, M. Gouin.

Le principe une fois admis, il ne s'agit plus
que de s'entendre sur la forme, de choisir le
mode de réduction qui, tout en lésant le moins
possible les intérêts des rentiers, soit facile
pour le Gouvernement et utile à l'Etat; car
c'est avec une des parties les plus intéressantes
de la population de la France, avec celle qui
n'a jamais douté de sa fortune, que l'Etat se
trouve appelé à stipuler un nouveau contrat
dont l'équité doit régler les bases et dont les

conditions modérées formeront à l'avenir un nouveau lien de confiance, qui rattachera constamment les intérêts des créanciers à ceux de leur ancien débiteur.

C'est donc, pour ainsi dire, une transaction, un véritable pacte de famille que l'administration doit préparer entre elle et les rentiers.

Nous disons l'administration ; car c'est au Gouvernement qu'il convient de laisser l'initiative de la mesure la plus grave que l'on puisse prendre en matière de finances.

Sans entrer dans la discussion des diverses propositions qui ont été faites au sujet de la réduction des rentes 5 pour 100, et dont l'examen aura lieu à l'époque où le débat sera public, nous nous contenterons de faire ressortir l'avantage de notre proposition, parce qu'elle nous paraît réaliser le but qu'il est nécessaire d'atteindre : *convenance pour les rentiers, utilité pour l'Etat.*

Voici notre proposition : On reconnaîtrait à

chaque rentier possédant 5 francs de rente un capital de 108 francs, et dans la proportion de ce capital le porteur recevrait 3 francs de rente en 3 pour 100 au taux de 80 francs.

Exemple : 80 francs donnent 3 francs de rente, combien 108 francs ? On trouve 4 francs 05 centimes.

Ainsi donc, au lieu de 5 pour 100, le rentier recevrait 4 francs 05 centimes d'intérêt avec une augmentation de capital pour l'avenir de 20 pour 100.

Le montant des rentes en 5 pour 100 est de 147,454,819 francs, qui, au taux de 108 francs, donne un capital de 3,185,024,090 fr. 40 centimes.

Ce même capital de 3,185,024,090 francs 40 centimes donnerait en 3 pour cent, au taux de 80 francs, une somme de 119,438,403 fr. 39 cent. pour intérêts.

Ce serait donc une économie de 28,016,416 francs.

Si l'on désirait que cette économie fût plus forte, on pourrait y ajouter celle du dixième que l'État est appelé à faire sur le 4 et demi, puisque le Gouvernement n'avait garanti le non-remboursement de cette valeur que pendant dix ans, à partir du 22 septembre 1825.

Voilà pour l'*utilité* de la mesure.

Quant à la convenance pour le rentier, nous disons que notre proposition a, sur la réduction avec annuités que le ministre avait présentée, le double avantage de rendre l'économie immédiate, et au lieu de donner aux rentiers, pendant un certain nombre d'années, une somme non productive d'intérêts que beaucoup d'entre eux dépenseraient comme revenu, ils trouveraient au contraire leur capital employé avec un rapport d'intérêt.

Les partisans du projet de M. Humann diront : Vous avez effectivement une économie immédiate de 28,016,416 francs, dont nous ne profiterons que dans huit années; mais la nôtre sera à cette époque de 1,474,547 francs plus forte que celle que vous présentez, puisque vous payez d'intérêts 119,438,403 francs, et nous 117,963,856 francs.

Nous répondrons que les 28,016,416 francs que l'on paierait pendant huit années, suivant ce projet, font un capital de 224,131,328 francs perdu dès à présent pour l'État, et que les seuls intérêts annuels de cette somme absorbent bien au-delà la différence d'économie précitée de 1,474,547 francs.

Notre mode de réduction a également sur le 4 et demi, que l'on propose avec la garantie de ne pas rembourser avant dix années, l'avantage de ne pas renfermer le Gouvernement, si l'état de ses finances le permettait, dans l'obligation de ne pas réduire l'intérêt avant une époque fixe et de ne pas faire craindre au rentier, aussitôt après l'achèvement de ce délai, une nouvelle réduction du 4 et demi en 4 pour 100.

Ceux qui penchent pour la réduction en 4 et demi diront: Non-seulement, en créant du 3 pour 100 à 80 francs, vous grevez l'avenir, mais encore en reconnaissant 108 fr. vous augmentez de suite le capital de la dette de 235,927,710 fr. 40 c. dont vous payez l'intérêt. Nous répondrons que nous avons sur eux une économie de 13,270,933 fr. 71 c. par année, puisqu'ils paient d'intérêt 132,709,337 fr. 10 c. et nous seulement 119,438,403 fr. 39 c. : Noùs ajouterons qu'avec cette différence d'économie il ne nous faut, en calculant l'intérêt composé à 4 pour 100, que treize années environ pour amortir *notre augmentation* de capital, tandis que, comme nous l'avons dit, ils se lient pendant dix années, et, qu'après ce délai, le rentier est sous le coup d'un remboursement ou d'une réduction.

Notre mode a encore, sur la réduction en 4 pour 100 purement et simplement l'avantage, en donnaut un intérêt équivalent, de garantir le rentier pour bien plus long-temps, d'une réduction qui, pour être moins rapprochée que celle du 4 et demi, pourrait cependant ne pas être fort éloignée.

On objectera sans doute qu'en faisant la réduction en 3 pour 100, plutôt qu'en 4 et demi et en 4 pour 100, l'on augmente le capital de la dette; cela n'est pas contestable, mais tous les économistes qui ont écrit sur les finances sont portés pour l'augmentation du capital. Au surplus cela n'a d'inconvénient que dans deux cas: le premier pour les achats de la caisse d'amortissement, qui peuvent être faits au-dessus du prix de 80 fr. (et il serait à désirer pour l'État qu'il fût toujours obligé de racheter au-dessus de ce taux; cela prouverait à la fois l'augmentation de son crédit et la baisse de l'intérêt en général), et, en second lieu, dans le cas où le trésor pourrait rembourser au pair : Or, l'on peut avancer, sans crainte d'être démenti, que le Gouvernement et le rentier seraient heureux de se trouver dans la position, le premier de rembourser le 3 pour cent au pair, le second de recevoir avec le remboursement une augmentation de capital de 20 pour 100. Qu'il nous soit permis de citer à l'appui de notre opinion celle d'un homme expérimenté[1] qui écrivait en 1830, que « la situation brillante « de nos 5 pour 100 avait conduit en 1825 à « créer des rentes à un intérêt moins élevé, avec « un accroissement de capital, qui offrait une « latitude favorable à l'amélioration de nos « fonds publics et à la diminution future des « arrérages annuels de la dette inscrite. »

Il ajoutait « qu'un très petit nombre de « rentiers s'étaient déterminés en faveur du « 4 et demi qui ne pouvait offrir qu'un abri « temporaire contre un remboursement pro- « chain, inévitable, et qui ne présentait d'ail- « leurs aucune chance de bénéfices, mais que

____

(1) M. de Chabrol.

« le nouveau fonds 3 pour 100 offrait des
« avantages propres à satisfaire les convenances
« des spéculateurs et procurait un utile ressort
« à l'élévation du crédit. »

Dans la pensée que la conversion de la rente pouvait être prochaine, M. de Chabrol, voulant déterminer le choix du Gouvernement pour un fonds propre à lui faire connaître à l'avenir le véritable prix des effets publics et le taux du nouvel intérêt qu'il serait juste d'attribuer bientôt à ce genre de valeurs, ouvrit en 1830 un emprunt à 4 pour 100, qui fut adjugé à la maison de Rotschild frères au prix de 102 fr. 07 c. et demi.

Pourquoi donc aujourd'hui vouloir créer une valeur comme le 4 et demi et le 4 pour 100, qui sont l'une et l'autre depuis long-temps au-dessus du pair? Cela ne se concevrait véritablement que dans le cas où l'on voudrait empêcher le crédit public de prendre l'extension à laquelle il est appelé.

En entendant parler de réduction, beaucoup de personnes se sont émues en faveur
des rentiers dont nous apprécions certaine-
ment la position avec un intérêt bien réel; mais
pour que chacun soit fixé à cet égard, nous
allons établir plusieurs classes dans lesquelles
on peut les ranger.

Le tiers consolidé commença, le 21 ventôse
an VI, à être coté à 19 fr. 87 c.; les cours
se soutiennent à ce prix pendant la fin de
l'an VI et au commencement de l'an VII. En
partant donc de cette époque (1799) jusqu'en
1809, nous trouvons quatre classes de rentiers :

1° Ceux qui ont acheté pendant cette période
de dix années. Ils ont placé au taux moyen de
54 fr. 61 c. trois quarts; ils ont eu sur ce taux
un intérêt de 9 fr. 15 c. pour cent; ils recevraient donc, en proportion de 108 fr., une augmentation de capital de 53 fr. 38 c.

2° Les rentiers qui ont acheté pendant
la deuxième période de dix années, c'est-à-

dire depuis 1809 jusqu'en 1818. Ils ont placé au taux moyen de 71 fr. 16 c., ont eu un intérêt de 7 fr. 02 c. et demi pour 100 et recevraient une augmentation de capital de 36 fr. 84 c.

3° Les rentiers qui ont acheté pendant la troisième période de dix ans, depuis 1819 jusqu'en 1828. Ils ont placé au taux moyen de 91 fr. 16 c., ont eu un intérêt de 5 fr. 48 c. pour 100 et recevraient une augmentation de capital de 16 fr. 84 c.

4° Enfin ceux qui ont acheté depuis 1829 jusqu'au premier janvier 1836, c'est-à-dire pendant une période de sept années, ont placé au taux moyen de 100 fr. 72 c., ont eu un intérêt de 4 fr. 96 c. et recevraient une augmentation de capital de 7 fr. 28 c.

D'un autre côté, le taux moyen des emprunts qui ont été contractés sur la place de Paris depuis 1816 jusqu'à ce jour en 5 pour cent est de 73 fr. 4 c.; ainsi les rentiers qui y ont pris part auront eu un intérêt de 6 fr. 84 c. pendant unepériode, de temps plus ou moins longue, et recevraient une augmentation de capital de 34 fr. 96 c.

Comme on le voit par les catégories que nous venons d'établir, l'intérêt que l'on éprouve en faveur des rentiers ne peut se porter que sur ceux qui étaient titulaires d'inscriptions avant le mois de ventôse an VI et heureusement le nombre en est fort restreint. Quoi qu'il en soit, ainsi que nous l'avons déjà exposé, il s'agit moins d'un droit rigoureux à exercer que d'une transaction à faire, et sous ce dernier rapport surtout c'est au Gouvernement qu'appartient l'initiative de la réduction.

RÉSUMÉ.

Nous croyons avoir prouvé par le développement de notre proposition qu'en l'adoptant il y a *convenance à l'égard des rentiers*, puisqu'en éloignant pour eux la crainte d'une réduction on leur offre en même temps la chance d'une augmentation de capital de 20 pour 100. Il y a *utilité pour l'Etat* avec profit immédiat. Notre économie serait, par année, de 28,016,416 fr.; tandis que si la réduction était faite en 4 et demi, elle ne serait que de 13,270,933 fr. 71 c.

En tout cas, et à l'égard de ceux qui voudraient leur remboursement, le Gouvernement fixerait un délai pendant lequel les rentiers seraient tenus de déclarer leur intention de *ne pas convertir*, et passé lequel le ministre des finances serait autorisé à adjuger un emprunt en 3 pour 100 pour rembourser au pair de 100 fr. les porteurs de rentes 5 pour 100, qui se seraient refusés à la conversion.

M. P. D.

9 *mars* 1836